TARIQ-E-HADEES

ULOOM-UL-HADEES

AHAMADUNNISA

Dedicating to all the muslim people,

Every muslim people mandatorily should know about Hadees

Hadees ki Ahmiyath kya hai?

Hadees ki fazeelath kya hai?

In sab ke bare me jaan kaari lena bahut zaroori hai.

Kyun ke sahi islami tariqe se zindagi guzar ne ke liye. Ilm ke saat thoda sa amal bhi faide mandh hota hai bagair ilm ke bhoot saraa amal bhi be-faida hojata hai.

From

AHAMADA

Contents

PROLOGUE

Hadeeson ke baare me Tareeq gawaahi deti hai ke hadees kehta hai.

Hadeeson ka silsi la kab se shuru huwa? Ye Hadeeson ko kiss tarha yekatta kiya gaya? Hadees ki Ahmiyath kya hai? Hadees ki fazeelath kya hai? Hadeeson ko Kithni mehnaton se aak jagah jamaa kiya? Aur Hadees ka jamaa karne ke liye kithne maal kharch kiya? Aur Kithne door door tak safar kiya in saari baton ki jaan kaari har musalman jaanna zaroori hai. kyun jaan kaari len? Hamaare liye toh quran kaafi hai ye sab jaan kaari ki kya zaroorath hai?

*Iss liye khud Allahtalla Quran ke Surah [**33:21**] me kehte hai ke*

لَّقَدْ كَانَ لَكُمْ فِي رَسُولِ ٱللَّهِ أُسْوَةٌ حَسَنَةٌ لِّمَن كَانَ يَرْجُوا ٱللَّه وَٱلْيَوْمَ ٱلْ؟َاخِر وَذَكَرَ ٱللَّهَ كَثِيرًا ٢١

*Beshak Tumhare liye Rasool (S.A.W) ki zaath me Umdaah namoona hai aur Surah[**59:7**] me Allahtalla ka irshad hai Rasool(S.A.W) Tumhe jo kuch den use lelo aur jiss cheez se mana kare use ruk jaavo.*

وَمَا؟ عَاتَيٰكُمُ ٱلرَّسُولُ فَخُذُوهُ وَمَا نَهَيٰكُمۡ عَنۡهُ فَٱنتَهُوا)
ح)

isi liye hadees ke baare me malum karna zaroori hai.

Asal me hadees kisko kehte hai?

Allah ke nabi (S.A.W) ke qowly ko, Aap (S.A.W) ke fealy ko, Aap (S.A.W) Taqreeri ko hadees kehte hai!

Hum is kitaab me saheeh hadees kounsi hai? hasan hadees kounsi hai? zaeef hadees kounsi hai? mutawaakir hadees kounsi hai? Aur kounse hadees qubool ki jaati hai? kounsi hadees qubool nahi ki jaati?

Wagaira in sab batoon ke baare me khulaase se likh diya gaya.

Har aak Talibaah aur har aak qaraeen ko samajh me aane waale andaaz me likha gaya.

1

Tariq-e-Hadees

1. ALLAH ke Rasool (ﷺ) ka martaba kya hai? Hadees ki Roshni me jawab den?

A) (Daarmi) Hazarath Aboozar (R.T.A) Dariyaaft karte hai ke aye Allah ke Rasool (S.A.W) Aap nabi kaise bane?

Toh Aap (S.A.W) ne farmaya mai makke ke wadi me tha do farishte aye. Ek zameen par doosara aasaman aur zameen ke darmiyaan tha, Ek ne ka-haan kya wo wahi hai? Dosare ne kaha haan wo wahi hai.

Usne tarazoo lagane ka hukum diya. Tarazoo ma ek phadle me Nabi (S.A.W) ko aur doosre palde 1 ummati ko rakhagaya . Aap (S.A.W) ko palda bhari hogaya . ussi tarha 10 ke muqabile me phir 100 ke muqabile me phir 1000 ke muqabile me tola gaya . Aap (S.A.W) ka padhla hi bhari tha . Toh farishte ne kahan aap (S.A.W) ke muqabile me saari ummath ko rakha jaaye toh bhi aap (S.A.W) ka padhla hi bhari hoga

[yaha aap (S.A.W) ka bhari batane ka maqsad nahi tha, yaha ilm ke bare mae batane ka maqsad hai]

2. Sahabaiyat nabi(ﷺ) ki itba kaise karti thi hadees ki roshni mae jawab den ?

A) (Abu Dawood) Hazrat Abdullah Bin Umar (R.A) kahate hain ke, ek khatoon Allah Ke Rasool (S.A.W) ke pass aayi. Iske godh mein ek bacchi thi,iss ke hathon mein 2 sone ke moyiya kangam the, aap (S.A.W) ne pucha kya tum iska zakhat nikalti ho?Usne kaha nahi, tho aap (S.A.W) ne farmaye tum kya pasand karti ho ke qiyamat ke din Allah uske badle mein aag ke kangan pehande? Us khatoon donon kangan nikal diye aur kaha ke donon Allah aur uske Rasool (S.A.W) ke liye hai.

[Bakhari & Muslim] Hazarat Baza (R.T.A) riwayat karte hain ke Nabi (S.A.W) ne farmaya Madeena Munawwara tashreef awari ke baad 16 ya 17 mahine tak Bhaitul Muqadas ke rooz par namaz padhi lekin Aap (S.A.W) ki khawhish thi ke [Musalmaanon ka qibla] Baitullah Shareef ho [hukum illahi anne ke baad] Aap (S.A.W) ne ansari ki namaz Baitullah Sharif ke rukh par padhi aur logon ne bhi aap (S.A.W) ke sath Baitullah Sharif rukh par Namaz ada ki aap (S.A.W) ke saath namaz padhne walon mein,ek aadami Bahar nikala. Aur uska guzar ek Masjid par huwa. Uss waqt Namaz ki halat ruku mein Baitul muqaddas Ki taraf rukh kiye huye the. Uss shakhs ne buland awaaz se kaha mai Allah tala ko gawah banakar kehta hun ke , mai ne Nabi (S.A.W) ke saath Baitullah Sharif ki taraf rukh karke Namaz padi hai. Awaaz sunne ke baad Masjid ke saare Namaz haalath ruku me hi Baitullah Sharif ki taraf ghom gaye .

i. Ek martaba Nabi Kareem (S.A.W) Namaz se farooq hoka, Masjid ke bahar aaye.Tho dekha ke sahaba aur sahabiyat raaste mein bilkul khareeb jaarahe hai. Tho aap (S.A.W) fouran kaha auraton tumhare liye ye jayez nahi hai ki raste ke darmiyaan chalo.Bal ke tumhe raste ke kinare jana hoga,uske baad hamesha sabiyaath raashte ke kinare chala karti thi ke in ke kapade raashte ke kinare ke cheezon (jaise jhaad wagaira) me atak jaya karti thi

3.Deeni majalis ko farishte kis tarah gherte hai?Hadees ki roshni mein jawab den?

A) (Bukari & Muslim) Hazrat Abu Huraira (R.A) farmate hai Allah ke Rasool (S.A.W) ne farmaya kuch makhsoos farishte ayese hote hai deeni majlis ko talash karte huye nikalte hain. Jab kabhi vo deeni majlis ko dekhte hain tho unpar chal jaate hain yahan tak ke aasmani duniya tak pahunch jate hai Rabbul alameen puchta hai,ye bande kya mang rahe hain? Tho farishte kahate hain:'Ye Jannat ka talab kar rahe hain'.Tho Allah tala puchta hai kya Jannat ko dekhe hain? tho farishte kahate hain 'nahi dekhe' aur Allah kehta hai ke dekh lete to kya hota?tho farishte kahate hain 'aur Jyada Jannat ka talab karenge'.Fir Allaha puchta hai yah kis cheez sae apna panah mangte hain?Tho farishte kahate hain ke Allah 'yah jahannam sae panah mangte hain'. Allah puchta hai kya in logon ne jahannam ko dekha hai? Farishte kahate hain ke 'aagar wo dekh lete tho aur jyada panah mangte hai'. Phir Allah kheta hai ki "Ye kisse darte hain tho?" Farishte kahate hain "Aye Allah aap se darte hain" .Tho Allah rabbul alameen farmata hai ke ye farishto tum gawah rahana my ne in sab ko maaf kar diya hai.Tho farishte kahate hain phala kisi aur kaam ke liye aaya tha lekin un mae baith gaya tho Allah tala farmata hai ki wo sare ke sare aapas mein sathi hai isliye sab ki magfirat ki jaati hai

4.Sahaba akram (R.A.T) Allah ke Rasool (S.A.W) ke hukm ko kiss tarha baja laate the ?

A) Sahaba akram (R.A.T) Allah ke Rasool (S.A.W) ke hukm ko kabhi nahi talla karte the. Jab k eek martaba ek naa bhina sahabi Allah ke Rasool(S.A.W) ke pass aaye the aur kehate hai 'Aye Allah ke Rasool(S.A.W) mai naa bhina admi hun. Mujhe ghar sae masjid tak laane wala kohi nahi,'.Aap (S.A.W) ijajta dey,kye mai ghar mae ghar padhlu tha tab Aap (S.A.W) nae ijajat deydi.Jab louth kar ja rahe tho phir aap(S.A.W) nae bulaya aur pucha kya tumahe aazan ki aawaz sunayi deyti hai? Tho sahabi nae kaha "Haan". Tho Rasool(S.A.W) nae farmaya tum ko masjid mae namaz padhna chahiye, iske baad sahabi kabhi namazo kotahi nahi ki aur barabar masjid mae namaz padhte rahe.

[Bakhari & Muslim] Hazarath Zaid Bin Aslam apne baap se Riwayaath karte hai ke Hazarath Umar Bin khataab (R.T.A) mukhatib karke kaha **wallaaah** mai jaanta hut oh aak pathar na nuksaan pahuchasakta hai naa nafa de sakta hai. Agar mai ne Nabi Akram (S.A.W) ko **istelaam (Hajare aswad ko haath lagaakar boosa diya)** kaete na dekha hota toh tujhe kabhi na choomta phir farmaya abb hamme ramil karne ki kiya zaroorath hai ramil toh mushrikon ko dikhne ne liye tha .Toh Allah tala ne unhe hilaaq kardiya hai phir khud hi farmaya lekin ramil toh woh cheez hai jo Allah ke Rasool (S.A.W) ki sunath hai aur sunnath chodh na pasand nahi.

ஐ

5. Rasool (S.A.W) se [Sachi] mohabbat kiss mae hai?

A)(Daarmi) Hazarat Ayesha farmati hai ke ek sahabi Allah Ke Rasool (S.A.W) ke paas Aayi aur kaha . Aye Allah Ke Rasool (S.A.W) aapki Zaat Mubarak mere pass mere Aaulad

Se Jyada Pyari Hai. Meri Jaan Se Bhi Jyada Pyari Hai . Mai Kabhi Ghar Me Hota Hun To Achanak aapki Yaad aajaati Hai To daudte aapke pass ajata hun. Aur aapko dekhta hun to mujhe sukun mil jata hai aur mai kabhi ghar mein hota hun tho achanak mujhe aapki aur meri maut ki yaad aati hai aur mujhe malum hota hai ki aap jab Jannat mein jayenge tho sabse Aala muqaam pe honge. Aur mai Jannat mein jaunga to niche muqaam per honga vaha per meri mulakat aapse hogi ki nahi usko yaad karke mujhe rona aata hai. Aapke Rasool (S.A.W) khamoshi yekhtiyaar ki yahan tak ke Jibrayeel (A.S) ye aayat lekar nazil huye

وَمَن يُطِعِ اللَّهَ وَالرَّسُولَ فَأُولَٰئِكَ مَعَ الَّذِينَ أَنعَمَ اللَّهُ عَلَيهِم مِنَ النَّبِيِّينَ وَالصِّدِّيقِينَ وَالشُّهَدَاءِ وَالصَّالِحِينَ ۚ وَحَسُنَ أُولَٰئِكَ رَفِيقًا

{4:69} [Surah: Nisa]

Tarjuma : Jo Allah aur uske Rasoool(S.A.W) ki eta-ath (farma bardari) karega tho un logon ke sath hoga. Jin par Allah ne inaam nazil kiya nabiyon mae sae hoo, siddiqeen mae sae hoo, shaheed mae sae hoo, saliheen mae sae aur kya behtareen dosti hogi.

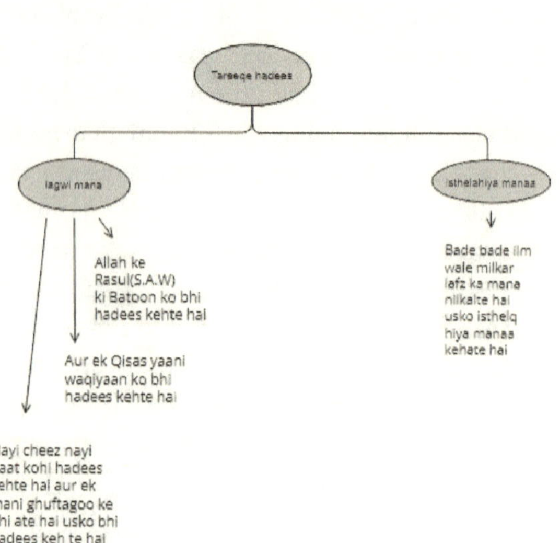

Tariq-e-hadees[meaning]

1. Hadees ka isthelahi maani kya hai?

A.) Allah tala ke Rasool (S.A.W) ki qouli,Rasool (S.A.W) faali. Aap (S.A.W) ka hukum,aap (S.A.W) ki taqreeri kohi hadees kehte hai

2. Hadees nabvi ki kitni khisme hai?

A.) Hadees nabvi ki 3 khisme hai

1.Hadees-Qouli

2.Hadees –fyeli

3.Hadesa – taqreeri

3.Hadees qouli ki tareef karen aur misaal den ?

A)Jis hadees me Rasool (S.A.W) ke aqwaal (farmaa – baath – guftagu) ka zikr kiya gaya hoi se qouli hadees kehte hai

Maslan: Bukhari shareef ki hadees

Tum waisi namaz padho jaise mujhe namaz padhte dekha .

&

4. Hadees faali ki tareef kare aur misaal den?

A) Jis hadeess mein Allah ke Rasool(S.A.W) ka faal ka kaam ko batate hai, usse faali kehte hai

Maslan: Namaz padh ke dikhte the, wazu karke dikhte the

&

5. Hadees taqreeri ki tareef kare aur misaal den?

A)[Taqreeri ka matlab bayan nahi] Rasool(S.A.W) ki moujoodgi mae jo kaam kiya gaya hoo, Aap (S.A.W) nae khamooshi farmayi hoo, ya uss par izhaar pasandgi kiya ho, use taqreeri kehte hai

Maslan: [Saheeh Hadees] Hazaraath Abu Dawood (R.T.A) riwayaath karte hai ke Hazarath Khaiz Bin Amar kehte hai "ek admi ko subha ki namaz ke baad doo rakath padthe dekhe tho farmaya subha ki namaz doo rakath ki hai..!". Uss admi ne jawaab diya mai ne faraz namaz sae phele doo rakath nahi padhi lihaza ab padhi hai. Rasool(S.A.W) ye jawab sunkar khamoosh hogaye [yaani us ski ijajat deydi]

&

6. Sunath ki tareef kijiye aur mislan den?

A.) Rasool (S.A.W) ke tareeqa ko sunath kehte hai [Bakhari]

Maslan: Namaz ka tareeqa, wazu ka tareeqa, sone ka tareeqa, khan aka tareeqa....

৪০

7 Hadees Qudshi ki tareef kare aur mislan den?

A.) Hadees Qudshi us hadees kehte hai jis sae Allah tala raasta (seedhi-seedhi) apne bandon sae baath karta hai.

Maslan: Aysi hadees ki Allah ke Rasool(S.A.W) farmate hai "Allah tala nae farmaya, tum ek dusare par zulm na karo mai nae apm=ni aap par zulm *haram* kar diya hai

৪০

8. Muhaddis ki tareef kijiye?

A.) Jo shakhs hadees kye fun mae maharath raktha hai usko muhaddis kehte hai.

[Muslim & Bakhari]: Jo hadees mae maher hai use muhaddis kehlate hai

- Ayse log bahut kaam bante hi un logon ko bareek sae baath maloom hota hai
- Ravi jithne bhi hai sab ko bareek muslim malum hai

৪০

9. Nabi (S.A.W) kye dour mae aur sahaba ke dour mae jo koshishe hoye the uss ke bare mae zikr kare?

A.) Quran jis tareeqa sae likha gaya tha ussi tareeqa sae hadees bhi likhaya gaya tha

Saheefe	Sahaba
1. Saheefe-Kitaabus-Sadaqa	Zakaath ke masayil(Tirmizi)
2. Saheefe Aamaroo Bin Hazam	Namaz, zakaath, talloq,qisaas, faraayiz, sunath [Musnade Ahmed]
3. Saheefe Aali	Namaz, zakaath, talloq, qisaas, faraayiz, sunath [Musnade Ahmed]
4. Saheefe Wayli Bin Hajar	Namaz, zakaath, nikhaa, soodh, sharab [Tabrani]
5. Saheefe Saab Bin Ubadah	Jayidhaath, edaath, namaz [tirmizi]
6. Saheefe Samurah Jundud	Mukhtalif masayil [Tirmizi]
7. Saheefe Jabir Bin Abdullah	Hajj ke masayil [Muslim]
8. Saheefe Anas Bin Malik	Mukhtalif masayil [Hakim]
9. Saheefe Abdullah Bin Abbas	Mukhtalif masayil [Tirmizi]
10. Saheefe Saiqah	Mukhtalif masayil [Daarmi]
11. Saheefe Abubakar 1500 Hadees	Mukhtalif masayil [Tazkiratul Hifaaz]
12. Saheefe Amar bin Khattab	Mukhtalif masayil [Mouta Malik]
13. Saheefe Zaid Bin Sabith	Mukhtalif masayil [Behaqi]
14. Saheefe Abdullah Bin Masood	Mukhtalif masayil [Tirmizi & Bakhari]
15. Saheefe Usmaan	Mukhtalif masayil [Bakhari]
16. Saheefe Abuhuraria	Mukhtalif masayil [Bakhari]

II
Tabaeen

1. Tabaeen ke dour mae hadees likhne ki kya koshish hoyi thi?

   A.)

1. **Urmah** : Uzmaath kae bare mae [Tehzeeb-ul-Tehzeeb] Aap (S.A.W) jis jung mae sharek hoye uss jung ko **jung-e-uzwath** kehate hai
2. **Emaam Taoos** : Deen ke bare mae [Behaqi]
3. **Emaam Wahood** : Deen ke bare mae [Tazkiratul Hifaaz]
4. **Emaam Malik** : Mukhtalif Hadees [Mouta]
5. **Umar bin Abdul Azeez** : Hadees ki Qidmath kare [Mukhatalif Hadees]

[1000-1500 aur bhi kayi hadeeson ko jama kiya]

1. **Emaam Aauzaji** : Hadees ki Qidmath kare [Mukhatalif Hadees]

[1000-1500 aur bhi kayi hadeeson ko jama kiya]

7. **Sufyaan Soori** : Hadees ki Qidmath kare [Mukhatalif Hadees]

[1000-1500 aur bhi kayi hadeeson ko jama kiya]

&

2.Hadees ko talaash karne ke liye jinhone lambe-lambe safar kiye inke kuch naan ?

A.) Sahaba-tabayeen ke dour mae hadees ka kuch bhi gadbadh nahi thi Hazarath ali ke dour me shuru hua .Abdulla bin sabaane dohra chal chala . Ye loog shaheed hogaye . loog islam se bahut door hogaye kuch waqt guzar neke baad gadhbadh tabayeen ke baad ke logoon me shuru hua . itni mehnath hadees ke liye kiya .

1. **Jabir bin Abdullah** :- ek hadees ke liye madeena se sham gaye . (lambi umar thi inki)

2. **Abu – Ayyoob Ansari** :- ek hadees ke liye madna se masar gaye .

3. **Emaam raari** :- ilm hadees ke liye nikale to saath saal safar me rahe

4. **Yahiya bin said** :- apne usdaaz shoba ke paas dass (10) saal rahe (Hadees kiss tarha ekatta karna seekh neke liye .)

5. **Nafaa bin Abdullah** :- emaam malik ke paas chalism (40) saal rahe . (Hadees ki khidmath kare aur hadees ke liye safar karte the)

6. **Emaam zehri** :- Sayeed bin mussayyid ke paas bees (20) saal rahe .

&

3. Tolab Hadees ke liye Jinhone khoob doulath kharch ki inke kuch naam likhe ?

A.)Yahya Bin Muyeen :- Talbe hadees ke liye aak karode 50 laakh dirham kharch kiye

Imaam Dhohri :- Talbe hadees ke liye dhedhlaakh dirham kharch kiye

Abdul Bin Mubarak :- Talbe hadees ke liye 40 Hazaar dirham khkarch kiye

Khwatweeb bogdaadi :- hadees ki qidhmath ke liye 2 karwadh deenaar kharch kiyr.

☙

4. Emaam Malik ko khalifa ne kiss baath par majboor kiya ?

A.) [Seerath] Zabardasti dee jaane waali tallaq nahi hoti . Haroon Rasheed ke bête **Moasim billah** jo waqth ke khaleefa the. Imaam Malik ko uss baath par majboor kiye ke woh fathwa den ke agar kissi ko zabaran tallaq diya jaaye toh woh waqayi hojayegi . iss baath par imaam malik ne inkaar kiya aur kahan ke zabaran tallak waqayi hone ke liye shariath me koyi daleel moujood nahi hai .

iss liye zabaran tallaq waqayi nahi hogi.

woh loog mouth ke dar se maar ke dar se kithni bhi takleef den toh bhi Rasool (S.A.W) ke khilaaf nahi kehte .

☙

5. Emaam Ahmad Bin Hambal ko khaleefa ne kiss baath majboor kiya ?

A.) Emaam Ahmad Bin Hambal ko khaleefa ne iss baath par majboor kiya ke quran allah ki makhlookh hai . Emaam Ahmad Bin Hambal ne kahan quran allah ka kalaam hai . makhlookh nahi Aap ne zulm ko bardaashth kiya lekin uss baath ko hargees khubool nahi kiya Emaam Ahmad ko quran makhlookh hai ye baath kehne par majboor kiya toh unhone nahi maana toh gadhe par sar mundha kar sheher me phiraya . jeal khane me daala bahuth sataya magar poore emaamon me Emaam Ahmad ki seerath padhte hai toh ithna rona ata ke emaam ahmad bahuth sataye gaye .

❧

6. Hadees ko hasil karne ke shoukh ke silsile meh emaam Abu Yusuf (R.T.A) ka khissa bayan kijiye?

A.) Emaam Abu Yusuf (R.T.A) ko hadees ka bahuth shoukh tha . Emaam Abu Yusuf (R.T.A) elm hasil karne ke bahuth hi khwahish mand the. Inki walidah unhe kaam karne ke liye aak dhobhi ghaat me laga diya uss dhobhi ghaat ke khareeb Emaam Abu Haneefa (R.T.A) ka madarsa huwa karta tha . Emaam Abu Yusuf Baar baar apne kaam ko chod kar usshalqe me bhaitha karte the . maa ne kahi baar wahan jaane se mana kiya aur aur baraabar halqe me shareek hote raye . aur aak din waqth ke sab se bad3e khazi bangaye .

Emaam Abu Yusuf Emaam Abu Haneefa ke bahuth qaas shagirdh the .

❧

7. Abdullah Bin Mubarak (R.T.A) ne kithne Mohaddiseen{Hadees ki qidhmath karne walon ko} se taaleem ki hai ?

A.) Abdullah Bin Mubarak (R.T.A) ne 40 mohaddiseen se taleem hasil ki hai .

❧

8. Emaam Malik ke Kithne asataza {ustaaz} hai ?

A.) Eamaam Malik Ke 900 Asataza hai .

III

Hadees ki kitabon ke bare me zaroori malumaath

1.Aljamia ki tareef kijiye aur misaal dijiye?

A.) Aljamia hadees ki woh kitaab hai jiss me mukammal islaami maalimaath hai

<u>Masalan</u> : Ebadaath – Aqaed – maamilaath – tafseer – Seerath – Fithni qiyamath ke halaath jamaa kiye gaye hai **{Misal Aljamia Bakhari }**

2. Alsunan ki tareef kijiye aur missal dijiye ?

A.) Hadees ki wo kitaab jiss me sirf Ahkaam ki aahadees Jamaa ki gayi ho

<u>Masalan</u> : Sunan Nisayi – Sunan Ibne majaa – Sunan Abi dawood

3. Almusnad ki tareef Karen aur misaal den ?

A.) Hadees ki wo kitaab jiss meh har sahabi ki aahadees alag – alag jamaa ki gayi ho .

Masalan : Musnade Ahmad – Musnad Shafayi Wagaira .

☙

4. Almuajm ki tareef kijiye aur misaal likhiye?

A.) Almuajm ayesi kitaab jiss me musannaf (Writer) ne apne asataja ke namon ko tarteeb se jamaa ki ho

Masalan:- Mujaam kabeer (aalfa bet ke hisaab se likhe)

☙

5. Emaam bakhari ki zindagi ke bare meh mukhtasar likhiye?

A.) Emaam bakari ka naam :- Mohammad Bin Ismail Bin Ibrahim Bin mogaira tha

Aap ne jo kitab likhi uss ka poora naam:- Aljamia saheehmuch`tasar min Aqwaal nabi wa Afalimina wasunnah

Paidaesh kab huwi :- **H193** shawwal meh baadh namaze zumaa bakhara meh paida huye[Iss liye iss ko emaam bakhari kehte hai]

- 10 saal ki umar meh mukatib(madarse meh padhe) ke liye nisale
- 14 saal ki umar meh bakhara aur samar khand(jagah ka naam) ke ulma se ilm hasil kiya
- 16 saal ki umar meh walidah (maa) Bade bhayi ahmad ke saath makka gaye
- 18 saal ki umar meh (Tareeq-e-kabeer) likhi jo 9jildon meh hai. Har jild meh 500 safhaath par mushtamil thi

☙

6.Bakhari likne ki wajoohath kiya hai?

A.) Bakhari likhne ki wajha

1. Usse pehle saheeh aur zoyeef hadees meh tameez nahi thi
2. Qadeem (purani) kitabon meh hadeson ke saath doosre sahaba ke alfaaz bhi likhe the[AQWAAL URRIJAAL the]
3. Aak martaba ustaaz ne ye kahaa ke kaash tummese koyi ayesi kitaab likhe jo sirf saheeh hadeson par mushtamil ho
4. Aak martaba Qaab meh dekha ke aap (S.A.W) sorahe the. Emaam bakhari pankha lekar makkhiyaa udaa rahe hai.Qwaab ki tabeer maaloom kit oh emaam bakhari se kaha ke aap rasool(S.A.W) par jo choti hadeesen ghati jati hai tum unko radh Karen
5. Budhe pan ki wajha se mai door door safar nahi karsakta saheeh hadeson ko alag karne ka khayal mere dil me aya iss liye mai ne Bakhari kitaab likhi

ॐ

7. Bakhari me kul kitne hadeesen hai?

A.) Bakhari me kul 1397 Hadeesen hai.

ॐ

8. Emaam bakhari har hadees likhne se pehle kya karte the?

A.) Emaam bakhari har hadees likhne se pehle wazu karte aur do rakaath namaz padthe the.

ॐ

9. Emaam muslim ki mukhtasar zindagi ke bare likhiye?

A.) <u>Emaam muslim ka pura naam</u> :-Emaam Abuwal hussain muslim Bin Alhijaaj Bin muslim Bin Khushairi nishapoori

- emaam muslim 6204 meh paida huye
- 18 saal ki umar meh ilm hasil karna shuru kiya

<u>Emaam muslim ke Aasataza(Ustaaz)</u> :- Emaam bakhari = Emaam Ahmad Bin hambal hai

ॐ

10. Emaam muslim ne hadees ki kitaab kiss tarha likhi?
   A.)

I.   Hadees ke kam se kam 2 raavi ho toh hadees lete.
II. Emaam muslim ke paas takraar nahi(muslim Aak hi hadees ko baar-baar nahi likhte).
III. Sahaba ki baath aur unke fathwe emaam muslim ne muslim shareef meh nahi likhe

Saari hadessen musnadh [Sand ke saath] nahi.

ॐ

11. Hadees ke 6 bade kitaboon ke naam aur usko likhne walon ke naam likhiye?
   A.)

S.no	Kitaab ka naam	Likne walon ke naam
1 (kitaab)	Saheeh Albakhari	Emaam abu Abdullah mohammad Bin Ismayeel Bin Ibraheem Bin MUgaira Albakhari rehmatullah
2 (kitaab)	Saheeh Muslim	Emaam abu Alhusain muslim Bin hajjaj Bin muslim Bin Khushairi nishapoori rehmatullah
3 (kitaab)	Sunan Abidawood	Emaam Abudawood sulaiman bin ashhath bin Ishaaq Bin Basheer Azdee sajashtani rehmatullah
4 (kitaab)	Sunan Nisaayi	Emaam mohammad bin eesa bin surah bin moosa salahi boogi rehmatullah
5 (kitaab)	Jamial tirmizi	Emaam abdul rehman Ahmad bin ali bin shuaib bin ali bin sinaan buhar bin zeenaar nisaayi rehmatullah
6 (kitaab)	Sunan Ibnemaaza	Emaam Ibnemaaja Abu Abdullah mohammad bin yazeed bin Quzaiweeni rehmatullah

ॐ

12. Kitaab sahasitta kise kehte hai?

A.) Hadees ke 6 mashoor kitaboon ko kutube sahasitta kehte hai.

Ye 6 bade kitaaboon ke baad koyibadi kitab hoto who hai 7th (Saat) wi kitaab

7(kitaab)	Musnade Ahmad	Emaam Abu Abdullah Ahmed bin mohammad bin hambal shebaani waaeli rehmatullah

ॐ

13.Zwayeef hadees kin kitabon me hai?

A.) Bakhari & Muslim ke aalawah tamaam Ahadees ke kitabon me zayeef hadees paayi jaati hai

ॐ

14.Sheik nasaruddin Albaani ka kya kaarnama hai?

A.) Shaik Nasaruddin Albaani ka sab bada kaar nama ye hai ke Saheeh aur Zayeef aahadees ko Aak – Aak karna hai .

Saheeh Hadees - 2500
Zayeef Hadees - 3000 Jama kiye
Uss tarha unhone hadees ki qidmath kiya.

IV
Munkireen Hadees

1. Munkireen hadees ka dawa haike hamare liye Quran kafi hai? Kya ye durushth hai misaaloon se samjhaye?

A.) Munkireen Hadees ka Dawa Hai Ke hamare liye Quran Kaafi hai . Ye bilkul galat hai. Isliye ke Allahtalla Quran me sirf hukum Diya Hai . Amal Ki tarkeeb Nahin batay.

2. Munkireen hadees Masjid me darakhth ke khamba ko rone waali hadees ka Inkaar karte hai?

A.) Munkireen hadees ka ss hadees par aateraaz ye hai ke darakth ke khambe ko na dill hota hai na aankh hota hai phir woh kaise rota hai. Agar Ham uss usool Ko Maanle toh quran ki bahut saari aayatan ka Inkaar karna padega jaisa (61-1)

صلے سَبَّحَ لِلّٰهِ مَا فِى □لسَّمٰوٰتِ وَمَا فِى □لأرْض

Tarjuma: Jo Kuch Aasmanon Aur Zameen Me Hai Allah Ki pakeezgi Bayan karta hai

(34:10)

وَلَقَدْ ءَاتَيْنَا دَاوُ۫دَ مِنَّا فَضْلًا ۖ يٰـجِبَالُ أَوِّبِى مَعَهُۥ وَ □لطَّيْرَ ۖ وَأَلَنَّا لَهُ □لْحَدِيدَ

Tarjuma : Aur Humne Dawood (A.S) ke saath Pahadon ko Musakhar kar diya tha. woh Tazbeeh Bayan Karen.

∞

3. Meraaj ke moqe par shaqi sadar [seena lahoorna] ka inkaar karte hai toh usska kya jawaab hoga ?

A.) Munkireen Hadees ka ye aateraaz hai kae mehraaj sae phele seene ko chaak karne ke bajaaye dimaaq ko chaak karna chahiya. Phir dil ko kyu chaak kiya! Isliye ke dimaakh hi asal hai. Dil tho bus khoon saaf karne ki machine hai. Ye aateraaz bikul galat hai.Agar hum isko maanle tho Quran ki bahut sae aayaton ka inkaar hoga.

Jaise: [Surah-Aaraaf]

لَهُمْ قُلُوبٌ لَا يَفْقَهُونَ بِهَا

Tarjuma : In ke dil hai magar samajhte nahi.
Jaise : [Surah-Mulk]

إِنَّهُ عَلِيمٌ بِذَاتِ الصُّدُورِ

Tarjuma : Beshak woh seenon meh aane wale vasvasoon tak jaanta hai.

V
Hadeeson ke AKSAAM

1. Mazameen ke Aatebaar se Aahadees ki kitne qisme hai?
A.) Mazameen ke aatebaar seAahadees ki 3 Qisme hai .

1. Aahadees woh Qisam jo quraani Ahkamaath ki taayeed karti hai

Masalan : Namaz
Chand hadees quraan meh aur hadees dono meh ek hi hokum diya gaya hai

1. Aahadees ki woh Qisam jo qurani Ahkamaath ki wazahaath bayan karti hia

Masalan : Namaz – Roza – Zakaath – Tafseel se hai Baaz hadeeson me Quraan meh hukum aur hadees me tafseel hai

1. Quran me allahtaala ne bahuth saare Ahkamaath bayan nahi kiye jinko Ahadees ke zariye se Bataya gaya .

Masalan : **1.** Haqeeqah karne ke baare meh quran me bayan nahi kiya gaya hai. tafseel ke saath .

2. Machli khane ke baare meh qurah meh kuch bhi nahi hai . ye baath hadees me hai .

[Ye baath Allah ke Rasool (S.A.W) ne kiya zyadah karke batayi?

Nahi allah ki hokum se hi karte the.

Ye 3 Qism ki Aahadeeson ko manna zaroori hai. Warna hadees ka inkaar hoga.]

৪৩

2. Hadees ki hifazath kithne Tareeqon se hogi ?

A.) Hadees ki Hifazath 3 tareeqon se hogi.

1.<u>Hifz</u> : Yaani yaad karna

2. <u>K</u>itabaath : Yaani likhna

3. <u>Saheef</u> : LIkhne ke baad kitaab ki shakal dena.

৪৩

3. Wo kounsi ahadees hai jin par kisi ka eteraaz nahi ?

A.) wo chaar qism ki isi ahadees hai jin oar kisi ka eteraaz nahi ho sakta .

1. Ayesi ahadees jin me sirf fazeelatoonka zikr hon.

<u>Jaise</u>:- laa ilaaha illalla ka fazeelath

2. Ayesi ahaadees jin me akhlaakh ka zikr ho

<u>Jaise</u>:- Salam karna baath karna

3. Ayesi ahadees jin me muajizaath ka zikr ho.

<u>Masalan</u>:- Ambia – Akraam ke muajizaath chaand ka doo (2) tukde hona

4. Ayesi ahaadees jin me jahannam aur jannath ka zikr ho.

૪

4. Kya huzoor (S.A.W) ne ahaadees likhnese farmaya tha ?

A.) Shuru me uss waqt quraan nazil ho raha tha . aur sahaba akraam se rasool (S.A.W) Quraan likhwa rahe the . uss douraan sahaba akraam allah ke nabi (S.A.W) ki ahaadisoon ko bhi likh rahe the to uss waqt rasool (S.A.W) ne ahaadees likh ne se manaa kiya iss liye ke quraan aur hadees ka milneka andesha tha lekin jab sahaba akram ko quraan aur hadees ke daimiyaan farq maloom ho gaya aur sahaba akraam quraan aur ahadees ko achi tarha samajhne lage aur quraan aur hadees milne ka andesha khatam hogaya tab aap (S.A.W) ne hadisoon ko likhneka hokum diya.

૪

5. Hadeeson ko jamaa karne ka sab se bahtareen dour kounsa Tha ?

A.) Hadeeson ko jamma karne ko sab se behtareen dour **140hijri** se **160hijri** tak ka dour hai kyun ke un meh hadeeson ko jamaa karne ki har sheher meh qusoosiyaath tawajoodi gayi thi uss silsile me chand misaale ye hai .

1. <u>Makka me</u>: **Abdul Malik Bin Abdul Azeez (R.T.A)** ne hadeeson ko jamaa kiya.
2. <u>Madeena me</u>: **Imaam Malik Bin Anas (R.T.A)** ne Hadeeson ko jamaa kiya.
3. <u>Kufaa me</u> : **Sufiyaan Soori**
4. <u>Shaam me</u> : **Abdul Rehman Aauzaami (R.T.A)**
5. <u>Basara me</u> : **Hamad Bin Salma (R.T.A)** aur **Sayeed Bin Abi Arooba (R.T.A)**
6. <u>Karasaan me</u> : **Abdul Bin Mubarak (R.T.A)**

7. <u>Yaman me</u> : **Muammar Bin Rashad (R.T.A)**

In tamaam logon ne hadeeson ko jama karne ke silsile me bahuth sare shehron me koshish ki.

&

6. Kounsi Aahadees Qubool ki jaati hai ?
A.) 1. Saheeh Hadee
2. Saheeh Bigairi
3. Hasan
4. Hasan Bigairi.

&

7. Kounsi Aahdees Qubool Nahi ki jaati hai ?
A.) In Aahadees ko qubool nahi kiya jaata.

1. Mualuq
2. Mursal
3. Muazzal
4. Munkhatun
5. Mauzua
6. Matrook
7. Munkar
8. Maalool
9. Mudhraj
10. Maqloob
11. Maztarab
12. Almashaaq
13. Shaz

Ye Bolne waala saheeh Alhifz ho.

&

8. Saheeh ki Tareef Karen ?

A.) Jiss Hadees ki

1. Sand Mytassil ho
2. Isske tamaam raavi shika ho
3. Diyaanath daar ho [Amathdaar]
4. Khwate nafita ke malik ho [Bhool ne ki adath na ho]
5. Quvvati Hafeeza ke malik ho

৪১

9. Saheeh Bigairi kisko kehte hai ?

A.) Saheeh bigairi uss hadees ko kehte hai doosre hadees ki wajha se saheeh bane.

৪১

10. Hasan ki tareef Karen?

A.) Jiss hadees ke raavi hafizah ke yetebaar se saheeh hadees ke raaviyon se kam darje ke ho.

৪১

11. Hasan Bagairi kiss hadees ko kehte hai?

A.) Jiss hadees ke raavi hafizah ke yetebaar se Hsan hadees ke raaviyon se kam darje ke ho.

৪১

12. Mastahab ki tareef kijiye?

A.) Ayesa kaam jisse karne me sawaab ho aur uss kaam ko chodne me gunaah na hoga

Masalan: Nafil roze.

৪১

13. Farz ki tareef kijiye?

A.) Allah ke rasool (S.A.W) ne jiss kaam ko laazmi tour par karne ka hukm diya aur use karne par sawaab aur na karne par gunaah ho.

૪૭

14. Waajib [zaroori] ki tareef kijiye?

A.) Waajib ki tareef farz hi ki tarha hai yaani karne par sawaab hai aur naa karne par gunaah hai

<u>Masalan</u> : Vitar namaz.

૪૭

15. Makroo ki tareef kijiye?

A.) JIss kaam ko naa karna use karne se behtar ghai ke uss se bachne par sawaab ho jab ke karne par koyi gunaah na ho

Masalan: Jyadah sawaal karne se bacho.

૪૭

16. Haraam ki tareef Karen?

A.) Allah ke rasool (S.A.W) ne laazmi tour par jisse bachne ka hokum diya ho uss ke karne se gunaah hota hai aur na karne se sawaab milta hai.

<u>Masalan:</u> Sood khana – chori karna – zina karna – maa , baap kin a farmaani karna.

૪૭

17. Jayez ki tareef kijiye?

A.) Ayesa sharyi hukm jiss ke karne aur jhadne me ahteyaath ho

<u>Masalan:</u> Nafil Roza.

૪૭

18. Zaief hadees ki tareef kijiye?

A.) Ayesi hadees jissme na toh saheeh hadees ki sifaath paayi jaaye. Na hi hasan hadees ki sifaath payi jaati hai.

৳

19. Mutafakkun alaih hadees kiss ko kehte hai?

A.) JO hadees Bakhari aur muslim dono me ho. Uss hadees ko mutafaqun alaih kehte hai. Jo hadees bakhari.

৳

20. Muhaddiseen ne elm hadees hasil karne ke liye in moqamaath ka safr kiya?

A.)

1. **Imam Bakhari :** Haraasan – Eraaq – Misar – Shaam
2. **Imam Muslim :** Hijaaj – masar – Sham – Eraaq
3. **Imam Abu Dawood :** Bagrad – Basrah Aur deegar bade islami sheheron tak.
4. **Imam Tirmizi :** Bakhari – Kharasaan – Eraaq – Hijaaj
5. **Imam Ibne maaja :** Basrah – Bagraadh – Shaam – Masr – Hijaaj
6. **Imam Nisayi :** Bagraadh - Basrah – Madeena Munavvarah – Makkah Mukarramah
7. **Imam Ahmad Bin Hambal :** Koofa – Basrah – makka – Madeena – Yaman – Shaam- Faaris – turki
8. **Imam Daarmi :** Hijaaj – misar – Shaam – Eraaq – Kharasaan

৳

21. Mohaddis ki paidaesh Aur wafaath ka muqaam likhiye?

A.)

1. Imam Bakhari

   Paidaesh– Bakhara
   Wafaath– khartang
   [Samarkhand ke aak basti me hai]
   2. Imam Muslim
   Paidaesh – Nishapuri
   Wafaath – Nishapuri
   [Iran me hai]

3. Imam Abu Dawood

   Paidaesh– sajasthan [afganistan me hai]
   Wafaath – Basrah
   [Iraq me hai]

4. Imam Tirmizi

   Paidaesh - Tirmizi
   Wafaath - Tirmizi
   [Uzbekistan me hai]

5. Imam Nisayi

   Paidaesh - Nisa
   Wafaath – Alquddus
   [palestine me hai]

6. Imam Ahmad Bin Hambal

   Paidaesh - bagdaad
   Wafaath – bagdaad
   [iraq me hai]

7. Imam Daarmi

    <u>Paidaesh</u> - Samar khand
    <u>Wafaath</u> - Samar khand
    [Uzbekistan me hai]

8. Imam Malik

    <u>Paidaesh</u> – Madeena munavvara
    <u>Wafaath</u> - Madeena munavvara
    [Soudi arab me hai]

9. Imam Ibne Maaza

    <u>Paidaesh</u> - Qazin
    <u>Wafaath</u> - Qazin
    [Iran me hai]

VI

Arabi Muhaddiseen

Arabi Muhaddiseen

Naam	Wafaath	khabeela
Imam Malik	179 Hijri	Zee Shuba
Imam Shafi	204 Hijri	Quresh
Imam Hamdi	209 Hijri	Quresh
Imam Ashaakh raayah	238 Hijri	Tameem
Imam Bin Hambal	241 Hijri	Banu shebaah
Imam Daari	255 Hijri	Banu Tameem
Imam muslim	261 Hijri	Banu quresh
Imam Abu Dawood	275 Hijri	Banu Azar
Imam Tirmizi	279 Hijri	Banu Saleem
Hadis Bin abi Asma	282 Hijri	Banu Tameem
Imam Abu Baqar	292 Hijri	Banu Azar
Imam Nisayi	303 Hijri	Banu Azar
Imam Abu Yala	307 Hijri	Banu saheem
Imam Abu Jafar Ansari	321 Hijri	Banu Azar
Imam Bin Hasan	354 Hijri	Banu Tameem
Imam Tabrani	360 Hijri	Banu Nayeem
Imam darkhat	385 Hijri	Banu Nayeem
Imam Hakim	405 Hijri	Banu Saa

AJMI MUHADDISEEN

Imam Ibne Abi Mazaa	235 Hijri
Imam Bukhari	256 Hijri
Imam Ibne Mazaa	213 Hijri
Imam Ibne Fateema	311 Hijri

SEEK

Qaraeen iss kitaab padhne ke baad khud bhi amal kariye aur doorson tak pahuchane ki koshish kijiye Taake hum sab se raazi hojaye.

[Aye Allah;

Ham sab ke gunaahon ko maaf farma.

Hamme Jannat me ala moqaam naseeb kar

Aameen Summa Aameen]

Wakhiruddawana anil hamdulillahi rabbil alameen

Assalamu Alaikum WarahmaTullahi Wabarakatuhu.!

৪৩